Made in the USA
Coppell, TX
10 January 2023

10811078R00063